Y fersiwn Saesneg:
Cyhoeddwyd gan Tarquin Publications

Testun, dylunio ac arlunwaith gwreiddiol © Tarquin Publications

Dylunio gan Magdalen Bear

· Cedwir y cyfan o'r hawliau

Y fersiwn Cymraeg:
© Addasiad Cymraeg: Awdurdod Cymwysterau, Cwricwlwm ac Asesu Cymru 2004
Ail argraffiad 2010

Mae hawlfraint ar y deunyddiau hyn ac ni ellir eu hatgynhyrchu na'u cyhoeddi heb ganiatâd perchennog yr hawlfraint

Cyhoeddir y fersiwn Cymraeg gan:
@ebol, Adeiladau'r Fagwyr, Llandre, Aberystwyth, Ceredigion SY24 5AQ

Ni chaniateir atgynhyrchu unrhyw ran o'r cyhoeddiad hwn na'i throsglwyddo ar unrhyw ffurf neu drwy unrhyw fodd, electronig neu fecanyddol, gan gynnwys llungopïo, recordio neu drwy gyfrwng unrhyw system storio ac adfer, heb ganiatâd ysgrifenedig y cyhoeddwr neu dan drwydded gan yr Asiantaeth Trwyddedu Hawlfreintiau Gyfyngedig. Gellir cael manylion pellach am y trwyddedau hyn (ar gyfer atgynhyrchu reprograffig) oddi wrth yr Asiantaeth Trwyddedu Hawlfreintiau Gyfyngedig/Copyright Licensing Agency Limited, 90 Tottenham Court Road, Llundain W1 9HE

ISBN 0-9547578-5-8

Paratowyd ar gyfer y wasg gan Glyn Saunders Jones
Arlunwaith y Clawr: Roger Bowles
Clawr gan Stiwdio Ceri Jones

Aelodau'r Pwyllgor Monitro:
Huw Chambers, Ysgol Gyfun Gymunedol Penweddig, Aberystwyth
Joanna Davies, Ysgol Mynydd Bychan, Caerdydd
Llŷr Rees, Ysgol Gynradd Biwmares, Biwmares

Argraffwyd gan: Gwasg y Lolfa, Talybont, Ceredigion

Pos y dydd
Casgliad o broblemau mathemategol

Mae'r gyfrol fechan hon yn cynnwys 180 o bosau – un pos ar gyfer pob dydd
o'r flwyddyn ysgol. Mae dau gwestiwn wedi'u paratoi ar gyfer 90 topig
gwahanol. Paratowyd y posau mathemategol hyn ar gyfer plant a phobl ifanc
o bob oedran. Dyma gyfrol sy'n herio pawb i ymresymu, datrys problemau a
meithrin eu sgiliau meddwl.

Mae'r atebion yn fyr – mae nifer o'r atebion yn cynnwys un rhif yn unig. Gellir
defnyddio'r posau hyn mewn sawl ffordd wahanol. Gellir eu defnyddio ar gyfer
unigolion, dosbarth cyfan yn yr ysgol neu yn y cartref. Does dim angen
gwybodaeth arbenigol i ddatrys y posau hyn.

Casgliad o bosau mathemategol y gall pawb ei fwynhau – a gwella eich
mathemateg yr un pryd! Ydych chi am fentro?

Yr un fath yn rhifiadol?

1a

Pa rif sy'n cynrychioli arwynebedd arwyneb ciwb mewn centimetrau sgwâr a chyfaint yr un ciwb mewn centimetrau ciwbig?

1b

Pa rif sy'n cynrychioli cyfaint ciwb mewn centimetrau ciwbig sy'n ddwbl yn rhifiadol arwynebedd arwyneb yr un ciwb mewn centimetrau sgwâr?

Pa luosrif o 53 yw hwn?

2a

Mae ganddo dri digid ac mae'n odrif.
Mae'n edrych yr un fath pan gaiff ei gylchdroi 180°.
Mae'n lluosrif o 53.

2b

Mae ganddo dri digid ac mae'n odrif.
Mae'n lluosrif o 53.
Pan gaiff ei gylchdroi 180° mae'n lluosrif o 53 ac
yn eilrif.

Pa sgwâr perffaith yw hwn?

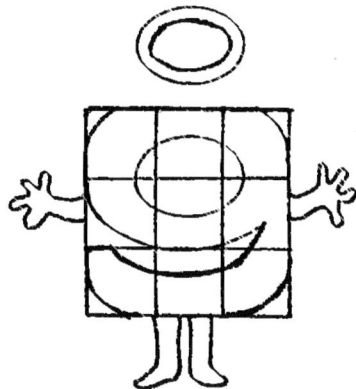

3a

Mae ganddo dri digid.
Mae'n sgwâr perffaith.
Os byddwch yn cyfnewid y ddau ddigid ola mae'n dal i fod yn sgwâr perffaith.
Mae'r ail isradd yn rhif cysefin.

3b

Mae ganddo dri digid.
Mae'n sgwâr perffaith.
Mae'n balindromig.
Mae swm ei ddigidau yn rhif cysefin.

Pa rif trionglog yw hwn?

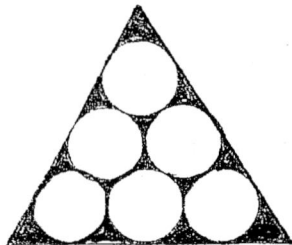

4a

Mae ganddo dri digid.
Mae'n rhif triongl.
Mae'n balindromig.
Mae swm ei ddigidau yn rhif cysefin.

4b

Mae'n rhif tri digid.
Mae'n rhif trionglog.
Mae'n balindromig.
Mae swm ei ddigidau yn sgwâr perffaith.

Sawl triongl fydd yn ffurfio brithwaith?

5a

Sawl triongl â thair ochr yn mesur 3cm, 4cm a 5cm allwch chi eu rhoi mewn petryal yn mesur 0.3m wrth 0.6m?

5b

Sawl triongl hafalochrog 1cm allwch chi eu rhoi mewn hecsagon rheolaidd ag ochrau 5cm?

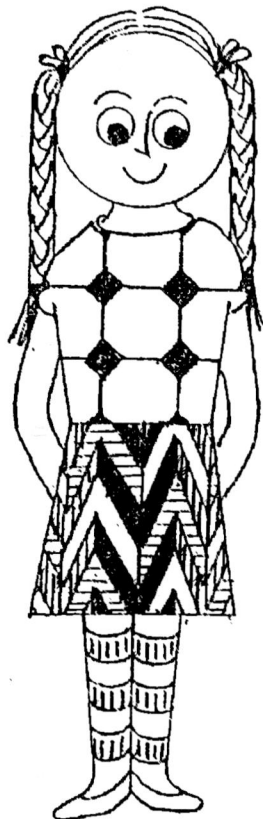

Bethan Brithwaith
(Mae wrth ei bodd yn lliwio patrymau)

Sawl teilsen sydd eu hangen?

6a

Sawl teilsen lawr siâp sgwâr ag ochrau 250mm sydd eu hangen i'w gosod ar lawr ystafell haul siâp petryal 4 metr wrth 3 metr?

6b

Sawl teilsen lawr siâp petryal 300mm wrth 200mm sydd eu hangen i'w gosod ar lawr ystafell haul siâp sgwâr ag ochrau 4.8 metr?

Sawl bricsen sydd eu hangen?

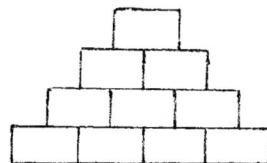

7a

Mae wal yn cael ei chodi gyda niferoedd dilynol o frics ar bob haen, fel y bo 1 fricsen ar y top, yna 2 fricsen, yna 3 ac yn y blaen. Faint o frics sydd eu hangen i adeiladu wal â 28 haen?

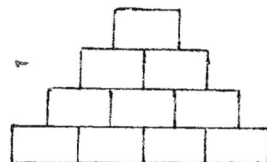

7b

Mae wal yn cael ei chodi gyda niferoedd dilynol o frics sy'n odrifau ar bob haen, hynny yw 1 fricsen ar y top, yna 3 bricsen, yna 5 ac yn y blaen. Faint o frics sydd eu hangen i adeiladu wal â 25 haen?

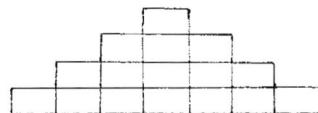

Sawl ciwb sydd eu hangen?

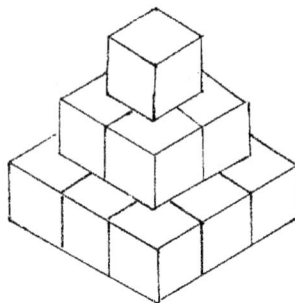

8a

Mae tŵr o giwbiau yn cael ei godi gyda niferoedd dilynol sy'n rhifau sgwâr ar bob haen, hynny yw 1 ar y top, yna 4, yna 9 ac yn y blaen. Sawl ciwb sydd eu hangen i adeiladu tŵr ag 20 haen?

8b

Mae tŵr o giwbiau yn cael ei godi gyda niferoedd dilynol sy'n rhifau sgwâr ar bob haen, hynny yw 1 ar y top, yna 4, yna 9 ac yn y blaen. Sawl haen sydd i'r tŵr os defnyddir 9455 o giwbiau?

Sawl swm o arian sydd gen i?

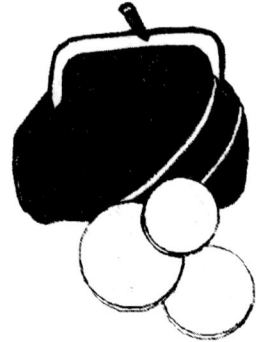

9a

Yn fy mhwrs mae gen i un darn yr un o'r darnau arian 1c, 2c, 5c, 10c a 20c. Sawl swm gwahanol o arian all gael eu gwneud â'r darnau arian hyn?

9b

Yn fy mhwrs mae gen i un darn yr un o'r darnau arian 1c, 2c, 5c, 10c, 20c a 50c. Sawl swm gwahanol o arian all gael eu gwneud â'r darnau arian hyn?

Beth yw'r perimedr?

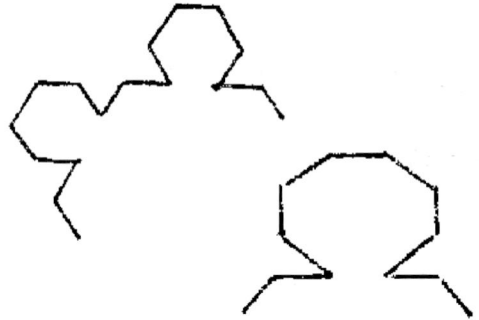

10a

Beth yw perimedr (mewn centimetrau) y siâp sy'n cael ei ffurfio pan fydd un hecsagon rheolaidd ag ochrau 6cm yn cael ei roi ar fwrdd ac y bydd 6 hecsagon rheolaidd ag ochrau 2cm yn cael eu rhoi ar ganol pob ochr yn wynebu tuag allan fel y gwelir uchod?

10b

Beth yw perimedr (mewn centimetrau) y siâp sy'n cael ei ffurfio pan fydd un octagon rheolaidd ag ochrau 5cm yn cael ei roi ar fwrdd ac y bydd 8 octagon rheolaidd ag ochrau 2cm yn cael eu rhoi ar ganol pob ochr yn wynebu tuag allan fel y gwelir uchod?

Beth yw'r gwerth mwyaf?

11a

Gan weithio drwy'r wyddor Saesneg mewn trefn, rhoddir i bob llythyren rif dilynol o 1 i 26, ond gall 1 ddechrau gydag unrhyw lythyren. Er enghraifft, N = 1, O = 2, P = 3, ... M = 26. Os yw gwerthoedd llythrennau gair yn cael eu lluosi gyda'i gilydd beth yw gwerth mwyaf y gair CAT?

11b

Gan weithio drwy'r wyddor Saesneg mewn trefn, rhoddir i bob llythyren rif dilynol o 1 i 26, ond gall 1 ddechrau gydag unrhyw lythyren. Er enghraifft, F = 1, G = 2, H = 3, ... E = 26. Os yw gwerthoedd llythrennau gair yn cael eu lluosi gyda'i gilydd beth yw gwerth mwyaf y gair YAK?

Sawl ffordd o ddewis sydd?

12a

Sawl ffordd sydd gan Sioned o ddewis pa bedair ffrind o'r deg ffrind sydd ganddi i'w gwahodd i ddathlu ei phen-blwydd?

12b

Er mwyn dawnsio dawns werin mae angen llinellau o dri dawnsiwr. Sawl ffordd sydd gan Ann o ddewis dau i'w llinell hi o blith yr un ar ddeg arall sydd yn yr ystafell?

15

Faint fyddech chi'n ei dalu?

13a

Roedd gan Elen, Ffion a Gwawr 70c yr un. Prynodd Elen far o Plwto a bar o Seren ac roedd ganddi 17c ar ôl. Prynodd Ffion far o Plwto a bar o Sioco ac roedd ganddi 21c ar ôl. Prynodd Gwawr far o Seren a bar Sioco ac roedd ganddi hithau 18c ar ôl. Faint fyddai pris 3 bar o Plwto, 4 bar o Seren a 2 far o Sioco?

13b

Roedd gan Harri, Iolo a John 60c yr un. Prynodd Harri fanana ac afal ac roedd ganddo 26c ar ôl. Prynodd Iolo afal a gellygen ac roedd ganddo 29c ar ôl. Prynodd John fanana a gellygen ac roedd ganddo yntau 27c ar ôl. Faint fyddai pris 6 banana, 3 afal a 5 gellygen?

Am ba hyd yr aeth allan?

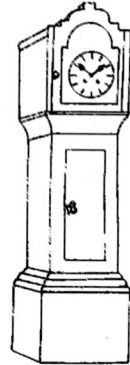

14a

Gan edrych ar yr adlewyrchiad o'r cloc yn y drych,
aeth John allan pan oedd yn meddwl ei bod hi'n
hanner awr wedi deg a daeth yn ôl pan oedd yn
meddwl ei bod hi'n chwarter i naw yr un bore.
Mewn munudau, am ba hyd yr aeth allan mewn
gwirionedd?

14b

Gan edrych ar yr adlewyrchiad o'r cloc yn y drych,
aeth Sam allan pan oedd yn meddwl ei bod hi'n
chwarter i saith a daeth yn ôl pan oedd yn
meddwl ei bod hi'n hanner awr wedi dau.
Mewn munudau, am ba hyd yr aeth allan mewn
gwirionedd?

17

Pa luosrif o 37 yw hwn?

15a

Mae ganddo dri digid.
Mae'n lluosrif o 37.
Mae'n cynyddu 50% pan gaiff
ei droi ben i lawr.

15b

Mae ganddo dri digid.
Mae'n lluosrif o 37 ac mae'n eilrif.
Mae'n aros yr un fath pan gaiff ei droi ben i lawr.

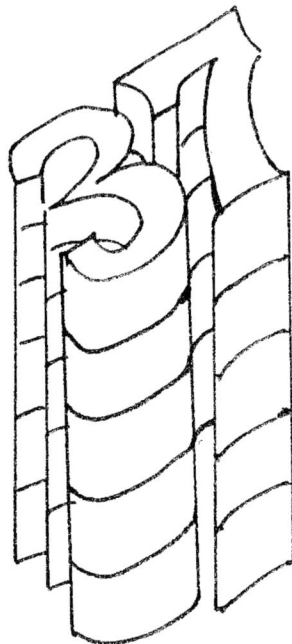

Sawl digid tri rhif sydd yna?

16a

Rhif lwcus Steffan yw 7.
Sawl rhif tri digid sy'n cynnwys
o leiaf un 7?

16b

Mae Owain yn hoffi odrifau.
Sawl rhif tri digid sy'n cynnwys odrifau yn unig?

Sawl dyddiad palindromig sydd?

17a Os yw'r dyddiad yn cael ei ysgrifennu â chwe digid, e.e. 1 Ionawr 2002 fel 01:01:02, sawl dyddiad palindromig sydd rhwng 1 Ionawr 2002 a 31 Rhagfyr 2999?

17b Sawl rhif palindromig tri digid sydd mewn bod?

Faint o ddail sydd ar y goeden?

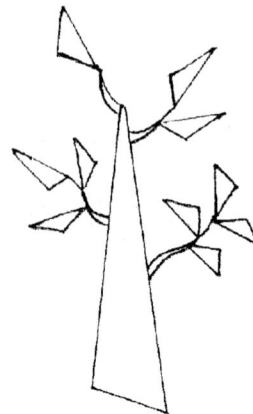

18a

Ar blanhigyn triongl, sef darganfyddiad cyffrous newydd, mae 1 ddeilen yn tyfu ar y diwrnod 1af, 2 ddeilen ar yr 2il ddiwrnod, 3 arall ar y 3ydd diwrnod ac yn y blaen. Gan dybio na fydd yr un ddeilen yn disgyn oddi ar y goeden, faint o ddail fydd arni ar ôl 17 diwrnod?

18b

Ar blanhigyn triongl, sef darganfyddiad cyffrous newydd, mae 1 ddeilen yn tyfu ar y diwrnod 1af, 4 deilen ar yr 2il ddiwrnod, 9 arall ar y 3ydd diwrnod ac yn y blaen. Gan dybio na fydd yr un ddeilen yn disgyn oddi ar y goeden, faint o ddail fydd arni ar ôl 11 diwrnod?

Faint o gardiau sy'n cael eu hanfon?

Nadolig Llawen

19a

Mewn dosbarth o 20 o ddisgyblion mae gan 12 disgybl ffonau symudol. Anfonodd y disgyblion hynny heb ffôn gardiau at bawb yn y dosbarth. Anfonodd y rheiny â ffôn negeseuon testun at y rhai â ffôn a chardiau at y gweddill.
Faint o gardiau a gafodd eu hanfon i gyd?

19b

Mewn dosbarth o 25 o ddisgyblion mae gan 18 disgybl ffonau symudol. Anfonodd y disgyblion hynny heb ffôn gardiau at bawb yn y dosbarth. Anfonodd y rheiny â ffôn negeseuon testun at y rhai â ffôn a chardiau at y gweddill.
Faint o gardiau a gafodd eu hanfon i gyd?

Sawl tic?

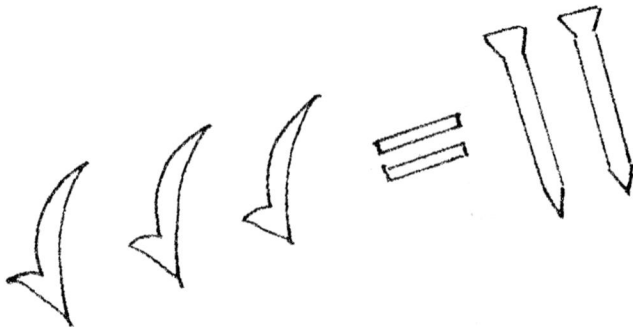

20a

3 thic = 2 dac
5 tac = 4 toc
7 toc = 6 thwc
Sawl tic sy'n gwneud 240 twc?

20b

2 dic = 3 chlic
4 clic = 5 fflic
3 fflic = 4 pic
Sawl tic sy'n gwneud 600 pic?

Sawl blwyddyn?

21a

Yn y flwyddyn 2002 mae'r digidau yn adio i gyfanswm o 4.
Sawl gwaith y digwyddodd hyn rhwng 1000 a 2000 OC?

21b

Mae'r flwyddyn 2002 yn balindromig gyda digidau sy'n eilrifau yn unig.
Sawl gwaith y bydd hyn yn digwydd rhwng y flwyddyn 2000 a'r flwyddyn 9999 OC?

Beth yw'r rhif lleiaf?

22a

Swm pum eilrif dilynol yw 230.
Beth yw'r rhif lleiaf?

22b

Swm pum odrif dilynol yw 435.
Beth yw'r rhif lleiaf?

Sawl croeslin gofod sydd?

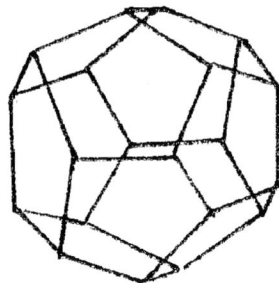

23a

Mae croeslin gofod yn uno dau fertics nad ydynt ar yr un wyneb. Sawl croeslin gofod sydd gan dodecahedron? (Mae iddo ddeuddeg wyneb pentagonol.)

23b

Mae croeslin gofod yn uno dau fertics nad ydynt ar yr un wyneb. Sawl croeslin gofod sydd gan icosahedron? (Mae iddo ugain wyneb trionglog.)

Beth yw'r rhif dirgel?

24a

Os mai ($3\sqrt{}$) 48 yw'r gwahaniaeth rhwng trydydd isradd ($2\sqrt{}$) ac ail isradd rhif pedwar digid, beth yw'r rhif pedwar digid?

24b

Beth yw'r rhif tri digid os mai 19602 yw'r gwahaniaeth rhwng y trydydd isradd wedi ei sgwario a'r ail isradd wedi'i giwbio?

Am sawl blwyddyn y bu byw?

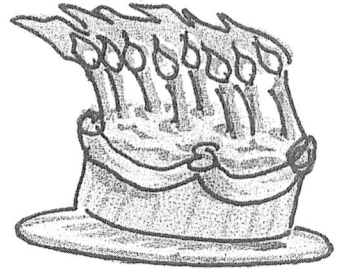

25a

Roedd Albert yn byw yn y 18fed ganrif. Roedd ei ben-blwydd ar 1 Ionawr mewn blwyddyn a oedd yn giwb perffaith a bu farw ar ei ben-blwydd mewn blwyddyn a oedd yn sgwâr perffaith.
Am sawl blwyddyn y bu byw?

25b

Ganed Annie yn y 19eg ganrif. Roedd ei phen-blwydd ar 1 Mehefin mewn blwyddyn a oedd yn sgwâr perffaith a bu farw ar 1 Mehefin yn yr 20fed ganrif mewn blwyddyn a oedd hefyd yn sgwâr perffaith.
Am sawl blwyddyn y bu byw?

Faint yw oed Carys?

26a

Y flwyddyn nesaf oed Betsan fydd y gwahaniaeth rhwng oed Carys y flwyddyn nesaf ac oed Alaw ddwy flynedd yn ôl.
Cyfanswm eu hoed yn awr yw 70 a Carys yw'r hynaf.
Faint yw oed Carys?

26b

Ysgrifennodd Dewi, Eifion a Gareth eu hoed persennol ar ddarn o bapur a'r cyfanswm oedd 45. Ar ôl iddynt gylchdroi eu hoed drwy 180° y cyfanswm oedd 183. Mae Gareth ddwy flynedd yn hŷn nag Eifion ac mae oed Dewi yr un fath ag yw ben i lawr. Faint yw oed Eifion?

Pa luosrif o 13 yw hwn?

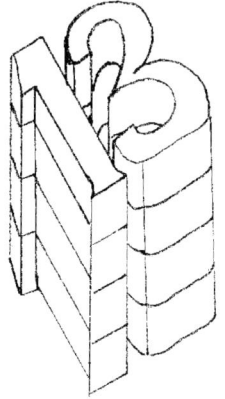

27a

Mae'n rhif 3 digid.
Mae'n lluosrif o 13.
Mae'n balindromig.
Swm ei ddigidau yw nifer yr ownsiau
hylifol mewn peint.

27b

Mae'n rhif 3 digid.
Mae'n lluosrif o 13.
Mae'n balindromig.
Mae swm ei ddigidau hefyd yn
balindromig.

Sawl rhif adlewyrchol?

28a

Ar sgrin cyfrifiannell mae 5 yn adlewyrchiad o 2.
Sawl rhif tri digid sy'n dangos cymesuredd
adlewyrchiad o gwmpas llinell fertigol drwy'r
digid canol?
Ni all y rhifau ddechrau gyda sero.

28b

Ar sgrin cyfrifiannell mae 5 yn adlewyrchiad o 2.
Sawl rhif pedwar digid sy'n dangos cymesuredd
adlewyrchiad o gwmpas llinell fertigol rhwng y
ddau ddigid canol?
Ni all y rhifau ddechrau gyda sero.

Sawl cylch?

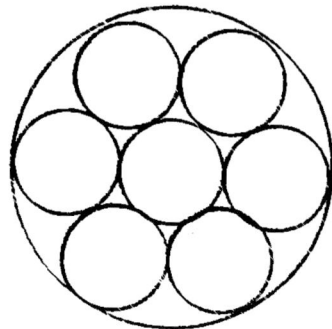

29a

Sawl cylch â radiws 1cm all gael eu llunio y tu mewn i gylch â radiws 5cm?

29b

Sawl cylch â radiws 1cm all gael eu llunio y tu mewn i gylch â radiws 7cm?

Sawl sedd?

30a

Mae theatr awyr agored wedi'i chynllunio ar siâp hecsagon rheolaidd gyda'r llwyfan yn y canol. Mae'r seddau yn codi o'r gwaelod i fyny ar bob un o'r chwe ochr gyda 50 sedd ar y rhes uchaf ar bob ochr. 10 lefel sydd i gyd ac mae 3 sedd yn llai ym mhob adran na'r un uwchben. Sawl sedd sydd i gyd?

30b

Mae theatr awyr agored wedi'i chynllunio ar siâp octagon rheolaidd gyda'r llwyfan yn y canol. Mae'r seddau yn codi o'r gwaelod i fyny ar bob un o'r wyth ochr gyda 40 sedd ar y rhes uchaf ar bob ochr. 8 lefel sydd i gyd ac mae 2 sedd yn llai ym mhob adran na'r un uwchben. Sawl sedd sydd i gyd?

Sawl sgwâr?

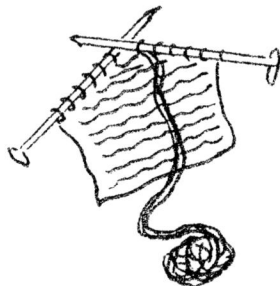

31a

Yn y Clwb Ieuenctid aeth pob grŵp o 'Chwech' ati i weu niferoedd hafal o sgwariau bach, bron i 400 i gyd. Y bwriad oedd gwneud blancedi gyda'r sgwariau hyn. Gwnaeth y grŵp Coch sgwâr mawr, gwnaeth y grŵp Gwyrdd bedwar sgwâr llai, gwnaeth y grŵp Melyn betryal 27 sgwâr yn ei hyd a gwnaeth y grŵp Glas betryal 36 sgwâr yn ei hyd. Sawl sgwâr y gwnaeth pob 'Chwech'?

31b

Rhoddwyd i dri myfyriwr niferoedd hafal o deiliau 1cm sgwâr i wneud mosaic. Gwnaeth Harri sgwâr, gwnaeth Llewelyn betryal 54cm o hyd a gwnaeth Gethin betryal 72cm o hyd. Gweithiodd Harri allan y gallai fod wedi gwneud deuddeg petryal gwahanol yn lle ei sgwâr. Sawl teilsen a roddwyd iddyn nhw?

Sawl tun sydd eu hangen?

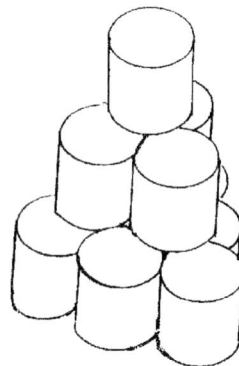

32a

Mae Siân yn gweithio mewn archfarchnad ac mae'n hoffi gosod y tuniau mewn pyramid. Mae'n gwneud pyramid â sylfaen trionglog gydag un tun ar y top, yna tri, yna chwech, yna deg ac yn y blaen. Sawl tun sydd eu hangen ar gyfer pyramid â deg haen?

32b

Mae Siôn yn gweithio mewn archfarchnad ac mae'n hoffi gosod y tuniau mewn pyramid. Mae'n gwneud pyramid â sylfaen sgwâr gydag un tun ar y top, yna pedwar, yna naw, yna un deg chwech ac yn y blaen. Sawl tun sydd eu hangen ar gyfer pyramid â deuddeg haen?

Pa luosrif o 11 yw hwn?

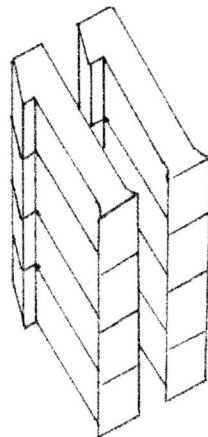

33a

Mae'n rhif 3 digid.
Mae'n lluosrif o 11.
Mae'r digidau i gyd yn odrifau.
Mae swm ei ddigidau yn sgwâr
perffaith.

33b

Mae'n rhif 3 digid.
Mae'n lluosrif o 11.
Mae'r digidau i gyd yn eilrifau.
Mae'n sgwâr perffaith.

Faint o felysion sydd?

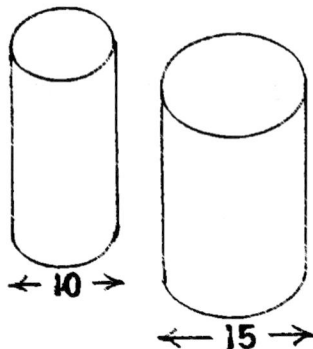

34a

Mae melysion bychan crwn yn cael eu rhoi mewn tiwbiau silindrig o'r un uchder. Mae'r tiwb â diamedr 10cm yn dal tua 800 o felysion. Faint o felysion y byddech yn disgwyl i'r tiwb â diamedr o 15cm ei ddal?

34b

Mae melysion bychan petryal yn cael eu rhoi mewn tuniau silindrig o'r un uchder. Os yw'r tun â diamedr 12cm yn dal 192 o felysion faint o felysion y byddech yn disgwyl i'r tun â diamedr o 9cm ei ddal?

Beth yw'r cyfanswm palindromig?

35a

Mae Bob yn byw mewn stryd â 33 o dai. (Mae 33 yn rhif palindromig.) Mae'n sylwi bod cyfanswm pob un o'r rhifau ar bob un o'r tai sy'n eilrifau yn y stryd yn balindromig hefyd.
Beth yw'r cyfanswm?

35b

Mae Anna yn byw mewn stryd â 44 o dai. (Mae 44 yn rhif palindromig.) Mae'n sylwi bod cyfanswm pob un o'r rhifau ar bob un o'r tai sy'n odrifau yn y stryd yn balindromig hefyd.
Beth yw'r cyfanswm?

Beth yw'r gwerthoedd?

UP = 66

36a

Rhoddir rhif i bob llythyren yn yr wyddor Saesneg o 26 i 1 (Z = 1, Y = 2, X = 3, ... A = 26).
Mae gwerthoedd y llythrennau mewn gair yn cael eu lluosi gyda'i gilydd.
Beth yw gwerthoedd PUN a WIT?

36b

Rhoddir rhif i bob llythyren yn yr wyddor Saesneg o 26 i 1 (Z = 1, Y = 2, X = 3, ... A = 26).
Mae gwerthoedd y llythrennau mewn gair yn cael eu lluosi gyda'i gilydd.
Beth yw gwerthoedd HET a PÊL?

Beth yw'r unfed term ar ddeg?

37a

Mae termau wedi'u gosod mewn dilyniant fel y ceir pob un drwy adio 2 at yr un blaenorol ac yna ei luosi â −2. Os yw'r dilyniant yn dechrau â 2, beth yw'r 11eg term?

37b

Mae termau wedi'u gosod mewn dilyniant fel y ceir pob un drwy adio 3 at yr un blaenorol ac yna ei luosi â −2. Os yw'r dilyniant yn dechrau â 3, beth yw'r 11eg term?

Am sawl diwrnod yr oedd i ffwrdd?

38a

Hedfanodd Tom o faes awyr Gatwick am 12 o'r gloch ganol dydd ar 7 Medi 1999 i fynd i America. Daeth yn ôl o'i deithiau am 12 o'r gloch ganol dydd ar 8 Awst 2000.
Am sawl diwrnod yr oedd i ffwrdd?

38b

Hedfanodd Tim o faes awyr Heathrow am 12 o'r gloch ganol dydd ar 10 Rhagfyr 1998 i fynd i Awstralia. Daeth yn ôl o'i deithiau am 12 o'r gloch ganol dydd ar 11 Ionawr 2001.
Am sawl diwrnod yr oedd i ffwrdd?

Pa luosrif o 19 yw hwn?

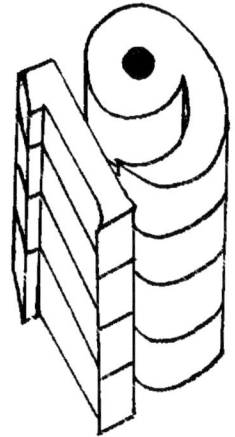

39a

Mae'n rhif 3 digid.
Mae'n lluosrif o 19.
Mae'n balindromig.
Mae'r digidau i gyd yn sgwariau perffaith.

39b

Mae'n rhif 3 digid.
Mae'n lluosrif o 19.
Mae'n balindromig.
Mae'r digidau i gyd yn eilrifau.

Beth yw cyfanswm y dyddiadau?

40a

O edrych ar galendr mae pob mis wedi'i osod mewn bloc o saith niwrnod wrth bedair neu bum rhes ar gyfer yr wythnosau. Ar ei galendr mae Siencyn yn tynnu sgwâr o gwmpas bloc o naw dyddiad.
Beth yw cyfanswm uchaf posibl y rhifau yn y sgwâr hwn?

40b

O edrych ar galendr mae pob mis wedi'i osod mewn bloc o saith niwrnod wrth bedair neu bum rhes ar gyfer yr wythnosau. Ar ei chalendr mae Manon yn tynnu sgwâr o gwmpas bloc o naw dyddiad.
Beth yw cyfanswm isaf posibl y rhifau yn y sgwâr hwn?

Sawl anifail?

41a

Ar y diwrnod cyntaf ar ôl i'r arch gyrraedd tir sych, gadawodd dau anifail yr arch. Y diwrnod wedyn gadawodd pedwar, ar y trydydd dydd gadawodd chwech ac yn y blaen. Sawl anifail oedd wedi gadael yr arch ar ôl 36 diwrnod?

41b

Ar y diwrnod cyntaf roedd 2 gwningen yn byw ar Ynys Paradwys. Roedd eu niferoedd yn dyblu yn ystod pob wythnos oedd yn odrif ac roedd un yn marw yn ystod pob wythnos oedd yn eilrif. Ar ôl 15 wythnos sawl cwningen oedd yn byw ar yr ynys?

Beth yw enw fy nghwningen?

42a

Gan ddechrau gydag 1 rhowch i bob llythyren yn yr wyddor Saesneg rif dilynol gan newid yr arwyddion bob yn ail.

A = –1, B = 2, C = –3, D = 4, ... Z = 26.

Yna lluoswch gyda'i gilydd werth pob un o'r pedair llythyren yn enw fy nghwningen.

Y gwerth yw 429 felly beth yw enw fy nghwningen?

42b

Gan ddechrau gydag 1 rhowch i bob llythyren yn yr wyddor Saesneg rif dilynol gan newid yr arwyddion bob yn ail.

A = –1, B = 2, C = –3, D = 4, ... Z = 26.

Yna lluoswch gyda'i gilydd werth pob un o'r pum llythyren yn enw fy nghwningen.

Y gwerth yw –5915 felly beth yw enw fy nghwningen?

Beth yw'r nifer lleiaf o giwbiau?

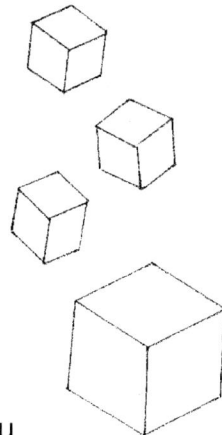

43a

Mae gan Nayha giwbiau mewn dau wahanol faint gydag ochrau 3cm a 6cm. Beth yw'r nifer lleiaf o giwbiau sydd eu hangen i lenwi bocs sy'n mesur 24cm wrth 15cm wrth 15cm?

43b

Mae gan Sara giwbiau mewn dau wahanol faint gydag ochrau 2cm a 4cm. Beth yw'r nifer lleiaf o giwbiau sydd eu hangen i lenwi bocs sy'n mesur 24cm wrth 26cm wrth 22cm?

Beth yw'r arwynebedd newydd?

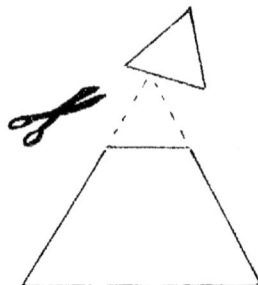

44a

Mae tri thriongl hafalochrog yn cael eu torri oddi ar driongl hafalochrog ag arwynebedd 99cm^2.
Y siâp sy'n cael ei greu o ganlyniad i hynny yw hecsagon rheolaidd. Beth yw'r arwynebedd newydd?

44b

Mae tri thriongl hafalochrog â'u hochrau yr un hyd â'r hecsagon yn cael eu hadio at ochrau eiledol hecsagon rheolaidd ag arwynebedd 72cm^2.
Y siâp sy'n cael ei greu o ganlyniad i hynny yw triongl hafalochrog. Beth yw'r arwynebedd newydd?

Pa luosrif o 59 yw hwn?

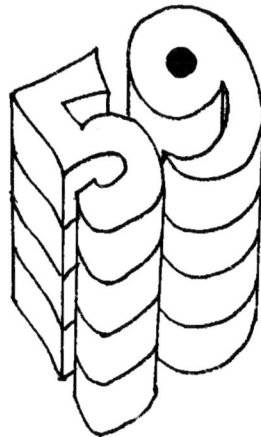

45a

Mae'n rhif 4 digid.
Mae'n lluosrif o 59.
Mae'r digidau i gyd yn odrifau
mewn trefn esgynnol.

45b

Mae'n rhif 4 digid.
Mae'n lluosrif o 59.
Dim ond dwy ffactor gysefin sydd iddo.
Mae'r digidau i gyd yn adio i 10.

Sawl siocled?

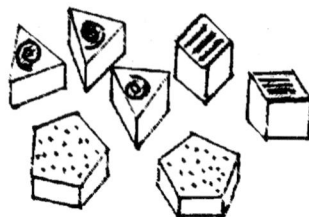

46a

Mae Poli Gon yn gweithio mewn ffatri siocled yn gwneud melysion ar siâp polygon. Gwnaeth focs arbennig o siocledi gyda 3 o felysion trionglog, 4 o felysion sgwâr, 5 o felysion pentagonol ac yn y blaen hyd at 10 o felysion decagonol.
Sawl siocled oedd yn y bocs?

46b

Mae Heledd yn penderfynu gwneud anrheg Adfent gyda siocledi mewn 24 o flychau wedi'u rhifo.
Mae'n rhoi dau siocled yn y blychau ag eilrifau, tri yn y blychau a oedd yn lluosrifau o 3, ac felly 5 yn y blychau a oedd yn lluosrifau o 6, ac eithrio rhif 24 lle rhoddodd chwe siocled. Ym mhob blwch arall rhoddodd un siocled.
Sawl siocled oedd yna i gyd?

Faint oedd y pysgod?

47a

Prynodd Nafeesa bysgodyn, sglodion a phys slwtsh, a chafodd 70c o newid o £5. Roedd y gwahaniaeth rhwng pris y pysgodyn a phris y sglodion yn hafal i bris y pys slwtsh.
Beth oedd pris y pysgodyn?

47b

Prynodd Carlos gorgimwch melys a sur, reis wedi'i ffrio a rholyn pancosen a rhoi £10 am y cyfan. Cafodd £2.60 yn newid. Roedd y gwahaniaeth rhwng pris y gorgimwch a phris y reis wedi'i ffrio yn hafal i bris y rholyn pancosen.
Beth oedd pris y gorgimwch?

Pa mor hir oedd yr alwad ffôn?

48a

Mae'n 7am yn Efrog Newydd pan mae'n 12 o'r gloch ganol dydd yn Lloegr. Ffoniodd Susie sy'n byw yn Lloegr Billy Jo yn Efrog Newydd. Dechreuodd yr alwad am 6.45pm ar gloc Susie a daeth i ben am 2.23pm ar gloc Billy Jo.
Am sawl munud y buon nhw'n siarad ar y ffôn?

48b

Mae'n 9pm yn Tokyo pan mae'n 12 o'r gloch ganol dydd yn Lloegr. Ffoniodd Henry sy'n byw yn Lloegr Satomi yn Tokyo. Dechreuodd yr alwad am 10.30am ar gloc Henry a daeth i ben am 8.17pm ar gloc Satomi.
Am sawl munud y buon nhw'n siarad ar y ffôn?

Sawl cerdyn digid unigol sydd?

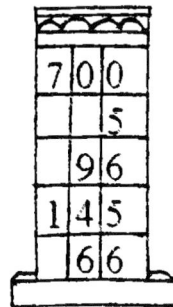

49a

Mae Canolfan Gymunedol yn cynnal raffl wythnosol gyda 999 tocyn (1 i 999) yn union. Mae'r 5 rhif sy'n ennill yn cael eu harddangos gyda phob un o'r digidau ar gerdyn unigol. Os nad oes angen seroau o flaen rhifau o dan 100 ac os gellir defnyddio'r rhif chwech fel rhif naw, beth yw'r nifer lleiaf o gardiau sydd eu hangen i ddangos yr holl rifau buddugol posib?

49b

Mae Clwb Cymdeithasol yn cynnal raffl wythnosol gyda 999 tocyn (1 i 999) yn union. Mae'r 6 rhif sy'n ennill yn cael eu harddangos gyda phob un o'r digidau ar gerdyn unigol. Os nad oes angen seroau o flaen rhifau o dan 100 ac os gellir defnyddio'r rhif chwech fel rhif naw, beth yw'r nifer lleiaf o gardiau sydd eu hangen i ddangos yr holl rifau buddugol posib?

Beth yw gwerth table?

A = ? E = ?
B = ? L = ?

50a

Mae rhif o dan 10 yn cael ei roi i bob llythyren yn y geiriau hyn ac mae gwerthoedd y llythrennau ym mhob gair yn cael eu lluosi gyda'i gilydd. O wybod bod
MYC = 90, RUC = 168 a MUC = 105 beth yw gwerth CYMRU?

50b

Mae rhif o dan 10 yn cael ei roi i bob llythyren yn y geiriau hyn ac mae gwerthoedd y llythrennau ym mhob gair yn cael eu lluosi gyda'i gilydd. O wybod bod
SOL = 40, SOY = 60, YGL = 216 a YOLG = 432 beth yw gwerth YSGOL?

Faint sy'n mynd ar y bws?

51a

Mewn ysgol â 1200 o ddisgyblion mae 580 o
ferched. Mae un rhan o dair o'r disgyblion yn
teithio i'r ysgol ar fws. Dydy 462 o fechgyn ddim
yn mynd ar fws.
Faint o ferched sy'n mynd ar fws?

51b

Mewn ffatri â 2000 o weithwyr mae 1150 yn
ferched. Mae dwy ran o dair o'r gweithwyr yn
teithio i'r gwaith ar fws. Dydy 595 o ddynion
ddim yn mynd ar fws.
Faint o ferched sy'n mynd ar fws?

Sawl un oedd i gyd?

52a

Mae Sam a Ben yn casglu marblis. Mae Sam yn dweud wrth Ben, 'Os rhoddi di 5 marblen i mi bydd gen i ddwywaith cymaint â thi'. Mae Ben yn dweud, 'Os rhoddi di 4 marblen i mi byddai gennym yr un nifer.'
Sawl marblen oedd i gyd?

52b

Mae Siwan a Siani yn casglu stampiau. Mae Siwan yn dweud wrth Siani, 'Os rhoddi di 10 stamp i mi bydd gen i dair gwaith cymaint â thi'. Mae Siani yn dweud, 'Os rhoddi di 100 i mi byddai gennym yr un nifer.'
Sawl stamp oedd i gyd?

Beth yw'r cyfanswm?

$$101 + 102 + \ldots$$
$$\ldots + 105 = ?$$

53a

Beth yw cyfanswm 5 rhif cyfan tri digid dilynol lle bo'r rhif cyntaf yn sgwâr perffaith a'r rhif olaf yn giwb perffaith?

53b

Beth yw cyfanswm 10 rhif cyfan tri digid dilynol lle bo'r rhif cyntaf yn giwb perffaith a'r rhif olaf yn sgwâr perffaith?

Beth yw'r rhif lleiaf?

54a

Mae hanner y gwesteion mewn parti yn ddynion. Mae nifer y dynion sy'n gwisgo tei bô 3 yn llai na nifer y merched sy'n gwisgo ffrogiau du. Mae yna dri phâr lle bo'r dyn yn gwisgo tei bô a'r ferch yn gwisgo ffrog ddu. Mae o leiaf 6 merch sydd ddim yn gwisgo dillad du.
Beth yw nifer lleiaf y gwesteion?

54b

Yn yr un cerbyd trên â mi mae hanner y teithwyr yn smygu. Mae nifer y bobl sy'n darllen papur newydd 3 yn fwy na'r nifer sy'n defnyddio ffonau symudol. Rydw i fy hun yn defnyddio ffôn symudol. Mae dau o'r rhai sy'n smygu yn darllen papur a does neb o'r lleill yn gwneud mwy nag un peth.
Beth yw nifer lleiaf y teithwyr?

Pa luosrif o 18 yw hwn?

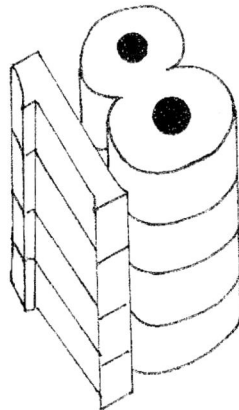

55a

Mae'n rhif 3 digid.
Mae'n lluosrif o 18.
Mae iddo dri digid gwahanol mewn trefn esgynnol.
Sut bynnag y bydd y tri digid yn cael eu trefnu
mae'n dal i fod yn lluosrif o 18.

55b

Mae'n rhif 3 digid.
Mae'n lluosrif o 18.
Mae'n balindromig.
Lluoswm ei ddigidau yw 128.

Pa rif oedd y tŷ canol?

56a

Roedd pum tŷ y drws nesa at ei gilydd ar ochr y stryd â'u rhif yn odrif. Roedden nhw i gyd yn rhifau dau ddigid mewn trefn esgynnol. Y pedwerydd oedd yr unig rif cysefin.
Pa rif oedd y tŷ canol?

56b

Roedd pum tŷ y drws nesa at ei gilydd ar ochr y stryd â'u rhif yn eilrif. Roedden nhw i gyd yn rhifau tri digid ac roedd y rhif mwyaf yn giwb perffaith. Roedd yr ail isaf yn rhif triongl.
Pa rif oedd y tŷ canol?

Faint o bobl aeth am bicnic?

57a

Cymerais lun criw o ffrindiau yn cael picnic. Roedd gan chwech greision, wyth ddiod ac roedd pump yn bwyta brechdanau. Roedd gan rai un eitem ac roedd gan rai eraill ddwy. Beth oedd y nifer lleiaf o bobl aeth am bicnic?

57b

Aeth criw ohonom o'r ysgol am bicnic. Roedd hanner y criw yn fechgyn ac roedd chwarter o'r rhai oedd yno yn hŷn na mi. Fi oedd y drydedd ferch hynaf ac roedd naw bachgen yn iau na mi. Beth oedd y nifer lleiaf o bobl aeth am bicnic?

Beth yw'r arwynebedd arwyneb?

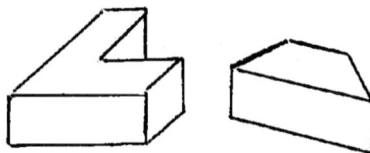

58a

Mae gan fowld polystyren drawstoriad ar siâp llythyren L. 10cm yw hyd yr ochrau hiraf a 5cm yw'r holl fesuriadau eraill, gan gynnwys ei ddyfnder.
Beth yw'r arwynebedd arwyneb?

58b

Mae gan fowld polystyren drawstoriad ar siâp trapesiwm isosgeles. 15cm, 5 cm, 9cm a 5cm yw hyd yr ochrau. 10cm yw ei ddyfnder.
Beth yw'r arwynebedd arwyneb?

Sawl ffordd wahanol sydd?

59a

Mae pump o bobl Alis, Ben, Cerys, Dafydd ac Elin yn eistedd mewn llinell ar bum cadair.
Mewn sawl ffordd wahanol y gallant drefnu eu hunain os na chaiff y ddau fachgen eistedd wrth ymyl ei gilydd?

59b

Sawl ffordd wahanol sydd o drefnu llythrennau'r gair HARPY?
Sawl ffordd wahanol sydd o drefnu llythrennau'r gair HAPPY?

Sawl un sy'n ffitio?

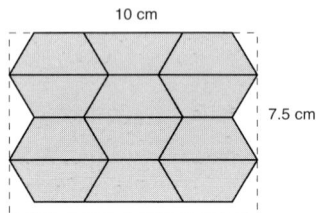

60a

Mae'r cynllun uchod yn cynnwys trapesiymau isosgeles ag ochrau 2cm, 2cm, 2cm a 4cm. Mewn petryal 10cm wrth 7.5cm, gellir rhoi deuddeg trapesiwm cyfan.
Sawl trapesiwm cyfan all gael eu rhoi mewn sgwâr ag ochrau 30cm?

60b

Mae'r cynllun hwn yn cynnwys hecsagonau rheolaidd ag ochrau 2cm. Mewn petryal 10cm wrth 7.5cm, gellir rhoi pum hecsagon cyfan.

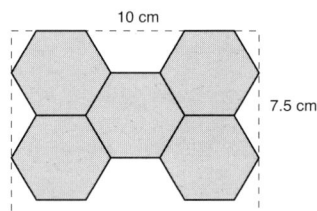

Sawl hecsagon cyfan all gael eu rhoi mewn sgwâr ag ochrau 30cm?

Beth yw'r pellter lleiaf?

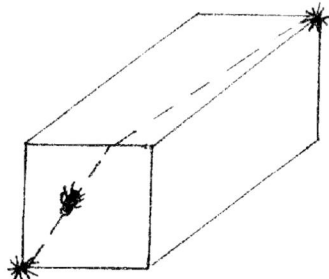

61a

Beth yw'r pellter lleiaf y gallai morgrugyn gropian, ar arwyneb bocs, wrth fynd o'r gornel waelod i'r gornel uchaf ar yr ochr gyferbyn? Mae'r bocs yn mesur 15cm wrth 10cm wrth 10cm.
Awgrym: lluniwch rwyd o'r bocs.

61b

Beth yw'r pellter lleiaf y gallai morgrugyn gropian, ar arwyneb bocs, wrth fynd o'r gornel waelod i'r gornel uchaf ar yr ochr gyferbyn? Mae'r bocs yn mesur 24cm wrth 16cm wrth 16cm.
Awgrym: lluniwch rwyd o'r bocs.

Sawl slab?

62a

Mae Darren yn penderfynu gosod slabiau ar y patio gan ddefnyddio patrwm croeslinol o slabiau sgwâr. Mewn petryal 1.8m wrth 1.2m mae angen wyth slab cyfan. Byddai'r trionglau dros ben yn cael eu llanw â cherrig mân neu blanhigion. Sawl slab sydd eu hangen i wneud patio 2.4m wrth 3.6m?

62b

Mae Wayne yn penderfynu gosod slabiau ar y patio gan ddefnyddio patrwm croeslinol o slabiau sgwâr. Mewn petryal 1.8m wrth 1.2m mae angen wyth slab cyfan. Byddai'r trionglau dros ben yn cael eu llanw â cherrig mân neu blanhigion. Sawl slab sydd eu hangen i wneud patio 3.6m wrth 3.6m?

Faint o amser?

63a

Mae gan Mr Cylchyn gar newydd y mae'n ei ddefnyddio i yrru o gwmpas ei ystad. Mae gan yr ystad ffordd gylchol sy'n gylch perffaith o hyd 3770m a nifer o ffyrdd syth ar draws y canol. Faint o amser (i'r eiliad agosaf) sydd ei angen ar Mr Cylchyn i yrru ar draws y canol ar fuanedd o 36 km/h?

63b

Mae gan Mr Cylchyn gar newydd y mae'n ei ddefnyddio i yrru o gwmpas ei ystad. Mae gan yr ystad ffordd gylchol sy'n gylch perffaith o hyd 3927m a nifer o ffyrdd syth ar draws y canol. Faint o amser (i'r eiliad agosaf) sydd ei angen ar Mr Cylchyn i yrru ar draws y canol ar fuanedd o 25 km/h?

Beth yw'r rhif dirgel?

64a

Mae iddo bedwar digid.
Mae'n sgwâr perffaith rhif cysefin.
Mae yr un fath â'i ben i lawr.

64b

Mae iddo bedwar digid.
Mae'n sgwâr perffaith.
O gyfnewid y ddau ddigid cyntaf cewch sgwâr
perffaith arall sy'n llai.

Beth yw'r 100fed term?

∞ 2

∞∞ 5

(triangle) 9

(triangle) 14

65a

Beth yw'r 100fed term yn y dilyniant

2, 5, 9, 14, 20 ...?

65b

Beth yw'r 100fed term yn y dilyniant

1, 5, 11, 19, 29 ...?

Beth yw eu rhif?

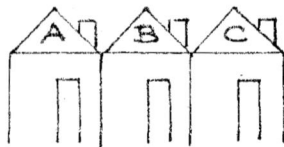

66a

Mae'r teulu Gruffudd, y teulu Hywel a'r teulu Ifans
yn byw mewn tri thŷ y drws nesaf i'w gilydd.
Y teulu Hywel sydd yn y canol a'r teulu Gruffudd
sydd yn y tŷ â'r rhif lleiaf. 2 yw'r gwahaniaeth yn
rhifau'r tai ac mae'r tri rhif yn adio i gyfanswm o
339. Beth yw rhif tŷ y teulu Ifans?

66b

Yng Ngwesty Paradwys mae rhifau'r ystafelloedd
yr un fath ar bob llawr heblaw am y rhif cyntaf,
e.e. mae rhif 214 yn union uwchben rhif 114 ac o
dan 314. Mae'r teulu Darwin, y teulu Newton a'r
teulu Pascals yn aros mewn tair ystafell uwchben
ei gilydd. Y teulu Newton sydd yn y canol. Mae
rhifau'r tair ystafell yn adio i gyfanswm o 963.
Beth yw rhif ystafell y teulu Newton?

Faint o felysion?

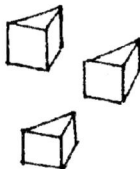

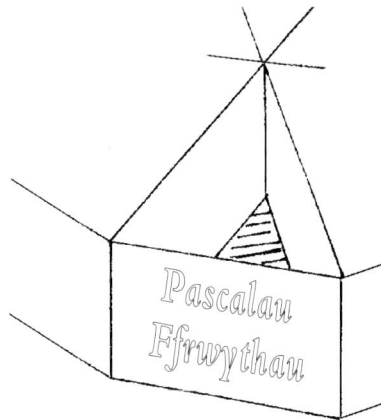

67a

Mae Pascalau Ffrwythau yn felysion trionglog ar siâp prism. Mae eu trawstoriad yn driongl hafalochrog ag ochrau 1cm a dyfnder 1cm hefyd. Faint o felysion all gael eu rhoi mewn bocs hecsagonol ag ochrau 3cm a dyfnder 5cm sydd â chwe cherdyn trionglog yn ei rannu.

67b

Mae Pascalau Ffrwythau yn felysion trionglog ar siâp prism. Mae eu trawstoriad yn driongl hafalochrog ag ochrau 1cm a dyfnder 1cm hefyd. Faint o felysion all gael eu rhoi mewn bocs hecsagonol ag ochrau 4cm a dyfnder 2cm sydd â chwe cherdyn trionglog yn ei rannu.

Faint oedd oed Taid a Mam-gu?

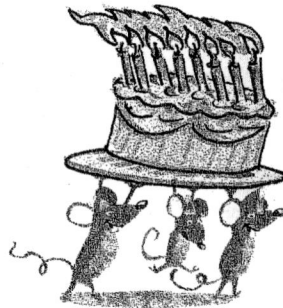

68a

Yn 1936 roedd Mam-gu ddwywaith mor hen ag oedd Sali yn 1999. Yn 1944 roedd Mam-gu dair gwaith mor hen ag oedd Sali yn 1999. Faint oedd oed Mam-gu yn 1999?

68b

Yn 1921 roedd Taid ddwywaith mor hen ag oedd Tom yn 2000. Yn 1930 roedd Taid dair gwaith mor hen ag oedd Tom yn 2000. Faint oedd oed Taid yn 2000?

Sawl sgwâr?

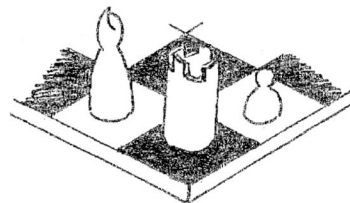

69a

Sawl sgwâr sydd ar fwrdd gwyddbwyll:
Awgrym: Mae 64 o'r maint lleiaf.

69b

Sawl sgwâr sydd ar fwrdd sgrabl:
Awgrym: Mae 225 o'r maint lleiaf.

Beth yw'r rhif lleiaf?

$$\frac{?\, g\, 1}{5)\,?}$$

70a

Darganfyddwch y rhif lleiaf posib sy'n rhoi gweddill o 1 pan gaiff ei rannu gan 5, 7 neu 8.

70b

Darganfyddwch y rhif lleiaf posib sy'n rhoi gweddill o 1 pan gaiff ei rannu gan 6, 7 neu 11.

Beth yw'r cyfanswm?

$$12 + 13 + \ldots$$
$$\ldots + 20 + 21 = ?$$

71a

Beth yw cyfanswm 10 rhif cyfan dau ddigid dilynol lle bo'r rhif cyntaf a'r rhif olaf yn sgwariau perffaith?

71b

Beth yw cyfanswm 10 rhif cyfan dau ddigid dilynol lle bo'r rhif cyntaf yn giwb perffaith a'r rhif olaf yn sgwâr perffaith?

Faint o arian sydd ganddynt gyda'i gilydd?

72a

Mae Ann, Beti a Carol yn cyfrif eu harian.
Mae gan Ann a Beti gyda'i gilydd £5.98.
Mae gan Beti a Carol gyda'i gilydd £6.47.
Mae gan Ann a Carol gyda'i gilydd £8.51.
Faint o arian sydd ganddynt gyda'i gilydd?

72b

Mae Adam, Ben a Carl yn pwyso eu hunain.
Mae Adam a Ben gyda'i gilydd yn pwyso 102kg.
Mae Ben a Carl gyda'i gilydd yn pwyso 97kg.
Mae Adam a Carl gyda'i gilydd yn pwyso 93kg.
Beth yw cyfanswm eu pwysau gyda'i gilydd mewn kg?

Sawl llinell?

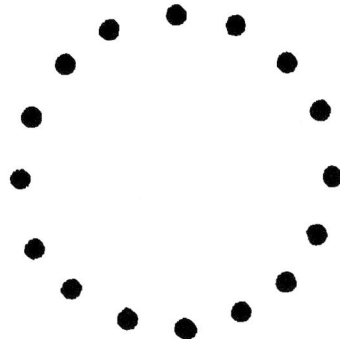

73a

Mae 24 dot wedi'u gosod mewn cylch â bwlch hafal rhyngddynt. Os yw pob dot yn cael ei uno wrth bob dot arall â llinell syth, sawl llinell sydd?

73b

Mae 28 dot wedi'u gosod mewn cylch â bwlch hafal rhyngddynt. Os yw pob dot yn cael ei uno wrth bob dot arall â llinell syth, sawl llinell sydd?

Sawl tab sydd?

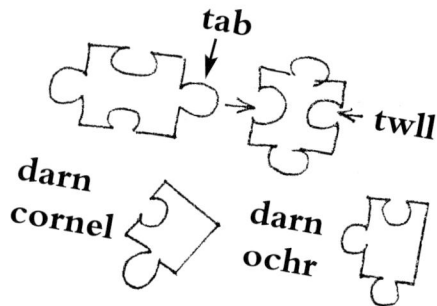

tab

darn cornel

darn ochr

twll

74a

Mae jigso petryal yn cael ei rannu yn ddarnau 2cm wrth 2cm yr un. Maent yn cael eu huno wrth ei gilydd gan dabiau sydd bron yn grwn yng nghanol pob ymyl sy'n ffitio i dyllau crwn tebyg. Mae'r ymylon tu allan yn syth.

Mewn jigso 10cm wrth 8cm sawl tab sydd?

74b

Mae jigso petryal yn cael ei rannu'n ddarnau 2cm wrth 2cm yr un. Maent yn cael eu huno wrth ei gilydd gan dabiau sydd bron yn grwn yng nghanol pob ymyl sy'n ffitio i dyllau crwn tebyg. Mae'r ymylon tu allan yn syth.

Mewn jigso 16cm wrth 12cm sawl tab sydd?

Pa rif oedd y rhif cyntaf?

$$\sqrt{\frac{?}{2}} \times 4 \times 9 = ?$$

75a

Dechreuais gyda rhif tri digid a'i rannu gyda 2.
Yna cymerais ail isradd y canlyniad. Lluosais y rhif
hwn â 4 ac yna 9 a chael fy hun yn ôl gyda'r rhif
cyntaf.
Pa rif oedd fy rhif cyntaf?

75b

Dechreuais gyda rhif tri digid a'i rannu gyda 2.
Yna cymerais drydydd isradd y canlyniad.
Lluosais y rhif hwn â 7 ac yna 14 a chael fy
hun yn ôl gyda'r rhif cyntaf.
Pa rif oedd fy rhif cyntaf?

Beth yw'r gwerth mwyaf?

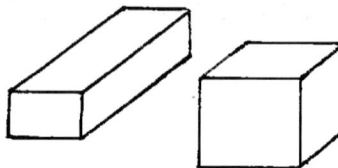

76a

Beth yw cyfaint mwyaf posib ciwboid (mewn centimetrau ciwbig) y mae ei hyd, ei led a'i uchder i gyd yn rhifau cyfan â chyfanswm o 20?

76b

Beth yw arwynebedd arwyneb mwyaf posib ciwboid (mewn centimetrau sgwâr) y mae ei hyd, ei led a'i uchder i gyd yn rhifau cyfan â chyfanswm o 22?

Sawl un sy'n ffitio?

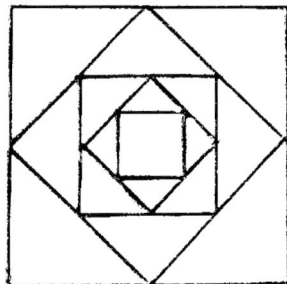

77a

Y tu mewn i sgwâr, mae sgwâr arall yn cael ei lunio drwy uno pwyntiau canol yr ochrau. Mae hyn yn cael ei ailadrodd hyd nes y bydd yna bum sgwâr.
Sawl un o'r sgwariau lleiaf all gael eu rhoi yn y sgwâr gwreiddiol?

77b

Y tu mewn i driongl hafalochrog, mae triongl arall yn cael ei lunio drwy uno pwyntiau canol yr ochrau. Mae hyn yn cael ei ailadrodd hyd nes y bydd yna bum triongl.
Sawl un o'r trionglau lleiaf all gael eu rhoi yn y triongl gwreiddiol?

Sawl ochr sydd gan y polygon hwn?

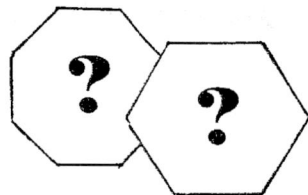

78a

Mae nifer yr ochrau sydd gan y polygon rheolaidd hwn yn odrif ac yn llai na 100. Mae swm ei onglau mewnol yn sgwâr perffaith pedwar digid.
Sawl ochr sydd gan y polygon hwn?

78b

Mae nifer yr ochrau sydd gan y polygon rheolaidd hwn yn eilrif ac yn llai na 100. Mae swm ei onglau mewnol yn sgwâr perffaith pedwar digid.
Sawl ochr sydd gan y polygon hwn?

Beth oedd cod y drws?

4	7	2	1

3	6	0	2

3	7	1	6

79a

Er mwyn helpu disgyblion yr ysgol i gofio cod diogelwch pedwar digid yr ysgol dywedodd yr athro hanes mai blwyddyn 'Brwydr Bosworth' oedd y rhif. Dywedodd yr athro mathemateg fod y rhif yn un hawdd ei gofio gan mai'r 54ydd rhif triongl ydoedd. Beth oedd cod y drws?

79b

Er mwyn helpu disgyblion yr ysgol i gofio cod diogelwch pedwar digid yr ysgol dywedodd yr athro hanes mai'r flwyddyn y bu farw Syr Francis Drake oedd y rhif. Dywedodd yr athro mathemateg fod y rhif yn un hawdd ei gofio gan mai'r 56ed rhif triongl ydoedd. Beth oedd cod y drws?

Sawl ongl sgwâr sydd yn y diagram?

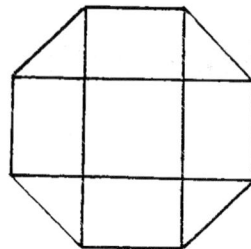

80a

Dechreuwch gydag octagon rheolaidd. Yna lluniwch yr holl groesliniau sy'n berpendicwlar i'r ochrau. Sawl ongl sgwâr sydd yn y diagram gorffenedig?

80b

Dechreuwch gyda hecsagon rheolaidd ac yna lluniwch yr holl groesliniau. Sawl ongl sgwâr sydd yn y diagram gorffenedig?

Sawl uned Sog sydd?

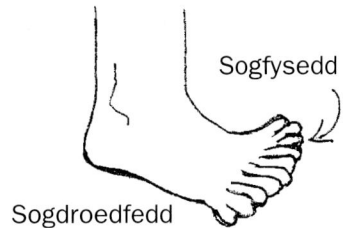

Sogfysedd

Sogdroedfedd

81a

Ar blaned Sog mae 100 sogfunud mewn sogawr, 20 sogawr mewn sogddydd a 10 sogddydd mewn sogwythnos.

Gelwir dyddiau'r wythnos yn ddydd Un, dydd Dau, dydd Tri ac yn y blaen.

Sawl sogfunud sydd o ganol dydd dydd Dau hyd ganol nos dydd Pedwar?

81b

Ar blaned Sog mae 100 sogfys mewn un sogdroedfedd, 5 sogdroedfedd mewn soglathen a 2000 soglathen mewn sogfilltir.

Sawl sogfys sydd mewn tri chwarter sogfilltir?

Faint oedd yr elw?

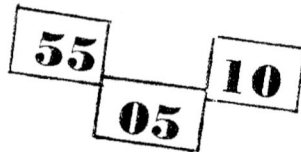

82a

Cafodd cant o docynnau tombola eu gwerthu, wedi'u rhifo 1 i 100, am 25c yr un. Roedd pob tocyn oedd yn cynnwys '5' yn ennill gwobr gwerth 20c ac roedd pob tocyn â '0' ar ddiwedd ei rif yn ennill gwobr gwerth 50c. Pris y wobr ar gyfer tocyn 50 oedd £2.00.
Faint oedd yr elw?

82b

Yn y gystadleuaeth 'Faint o felysion sydd yn y jar?' cafodd 148 o bobl dro gan dalu 20c yr un. Rhoddodd chwarter ohonynt 10c ychwanegol at yr achos. Roedd yna un enillydd ar gyfer y jar a oedd yn cynnwys 132 o felysion. Pris y melysion ar gyfartaledd oedd 7c yr un.
Faint oedd yr elw?

Sawl sgôr hanner amser sydd?

7-5
11-7

83a

Sgôr derfynol gêm hoci oedd 7-5.
Sawl sgôr hanner amser gwahanol oedd yn bosib?

83b

Sgôr derfynol gêm bêl-rwyd oedd 11-7.
Sawl sgôr hanner amser gwahanol oedd yn bosib?

Pa mor hir oedd
y daith awyren?

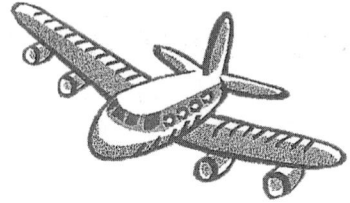

84a

Gadawodd Seimon faes awyr Gatwick am
10.16am amser lleol a glanio yn Houston am
1.15pm amser lleol. Os yw Houston 6 awr y tu ôl i
Loegr, pa mor hir oedd y daith yn yr awyren?

84b

Gadawodd faws awyr Catrin Birmingham am
9.08am amser lleol a glanio yn Chicago am
11.55am amser lleol. Os yw Chicago 6 awr y tu ôl
i Loegr, pa mor hir oedd y daith yn yr awyren?

Beth yw nifer mwyaf y dotiau?

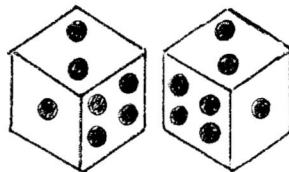

85a

Ar ddis chwe ochr, mae'r dotiau wedi'u trefnu fel y bo cyfanswm yr wynebau cyferbyn yn 7. Os yw deg dis wedi'u trefnu mewn twr fertigol ar fwrdd solet, beth yw nifer mwyaf y dotiau y gellir eu gweld o un safle?

85b

Ar ddis chwe ochr, mae'r dotiau wedi'u trefnu fel y bo cyfanswm yr wynebau cyferbyn yn 7. Os yw wyth dis wedi'u trefnu mewn ciwb 2 X 2 X 2 ar fwrdd solet, beth yw nifer mwyaf y dotiau y gellir eu gweld o un safle?

Beth yw'r perimedr?

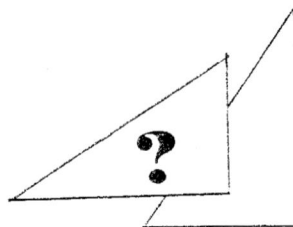

86a

Gan anwybyddu'r unedau gwahanol, yn rhifiadol mae perimedr y triongl ongl sgwâr hwn yn hanner ei arwynebedd. Yn ogystal â hynny, mae hyd yr ochr fyrraf yn sgwâr perffaith sy'n odrif ac mae'r ddwy ochr arall yn rhifau cyfan dau ddigid dilynol.
Beth yw ei berimedr?

86b

Gan anwybyddu'r unedau gwahanol, yn rhifiadol mae perimedr y triongl ongl sgwâr hwn yn draean ei arwynebedd. Yn ogystal â hynny, mae hyd yr ochr fyrraf yn rhif cysefin ac mae'r ddwy ochr arall yn rhifau cyfan dau ddigid dilynol.
Beth yw ei berimedr?

Sawl ornament sydd?

87a

Mae Fflur yn casglu cŵn tseina. Mae traean o'i chasgliad yn sefyll i fyny ar bob un o'u pedair coes. Mae'r gweddill naill ai'n begian ar ddwy goes neu'n gorwedd. Mae nifer y cŵn sy'n gorwedd yn fwy na'r nifer sy'n begian o rif sy'n hanner y nifer sy'n sefyll. Os yw 21 ci yn begian, faint o gŵn sydd?

87b

Mae Ceri yn casglu cathod tseina sydd naill ai'n sefyll i fyny ar bob un o'u pedair coes, ar ddwy goes neu'n gorwedd. Mae hanner yn gorwedd ac mae traean yn sefyll ar 4 coes.
Petai ganddi 6 yn fwy a safai ar ddwy goes, byddai'r nifer hwnnw yn chwarter y nifer sydd ganddi nawr. Faint o gathod sydd?

Beth yw nifer lleiaf y brics?

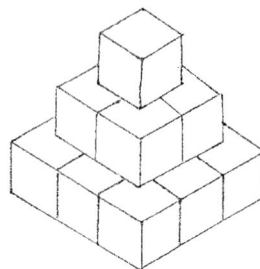

88a

Mae pyramid â sylfaen sgwâr yn cael ei adeiladu gan ddefnyddio brics ciwbigol, un ar yr haen uchaf, pedwar ar yr haen nesaf, naw ar y nesaf, 16 ar y nesaf ac yn y blaen.

Beth yw nifer lleiaf y brics sydd eu hangen os yw'r pyramid i'w ddatgymalu a'i ailadeiladu yn ddau giwb ar wahân?

88b

Mae pyramid â sylfaen sgwâr yn cael ei adeiladu gan ddefnyddio brics ciwbigol, un ar yr haen uchaf, pedwar ar yr haen nesaf, naw ar y nesaf, 16 ar y nesaf ac yn y blaen.

Beth yw nifer lleiaf y brics sydd eu hangen os yw'r pyramid i'w ddatgymalu a'i ailadeiladu yn dri chiwb ar wahân?

Pa rif deuaidd yw hwn?

10101101

11011

110101011

1011011101

89a

Beth yw lluosrif isaf 15 sydd, pan gaiff ei ysgrifennu fel rhif deuaidd *(binary number)* wyth digid, yn edrych yr un fath o'i ddarllen ymlaen ac yn ôl?

89b

Beth yw lluosrif isaf 13 sydd, pan gaiff ei ysgrifennu fel rhif deuaidd wyth digid, yn edrych yr un fath o'i ddarllen ymlaen ac yn ôl?

Sawl diwrnod?

90a

Roedd Trini Triongl yn dysgu i chwarae'r piano.
Penderfynodd ymarfer am 5 munud ar y diwrnod
1af, 15 munud ar yr 2il ddiwrnod, 25 munud ar y
3ydd diwrnod ac yn y blaen.
Ymhen sawl diwrnod y byddai'n ymarfer am fwy na
hanner diwrnod?

90b

Penderfynodd Sam Sgwâr gymryd amser i ffwrdd i
deithio'r byd. Arhosodd am 1 diwrnod yn y wlad
1af, 4 diwrnod yn yr 2il wlad, 9 diwrnod yn y 3edd
wlad ac yn y blaen. Aeth i 10 gwlad i gyd.
Am sawl diwrnod yn yr ail flwyddyn yr oedd i
ffwrdd?

Atebion

1a 216	1b 1728	26a 34	26b 16
2a 689	2b 901	27a 767	27b 949
3a 169	3b 676	28a 12	28b 20
4a 595	4b 171	29a 19	29b 37
5a 300	5b 150	30a 2190	30b 2112
6a 192	6b 384	31a 324	31b 1296
7a 406	7b 625	32a 220	32b 650
8a 2870	8b 30	33a 979	33b 484
9a 31	9b 63	34a ~1800	34b ~108
10a 84cm	10b 136cm	35a 272	35b 484
11a 10 608	11b 6240	36a 858, 504	36b 616, 414
12a 210	12b 55	37a 3412	37b 5118
13a £2.35	13b £2.31	38a 336	38b 763
14a 105	14b 255	39a 494	39b 646
15a 666	15b 888	40a 207	40b 81
16a 252	16b 125	41a 1332	41b 258
17a 29	17b 90	42a MACK	42b GEMMA
18a 153	18b 506	43a 88	43b 456
19a 248	19b 294	44a 66cm^2	44b 108cm^2
20a 525	20b 240	45a 1357	45b 1711
21a 10	21b 20	46a 52	44b 57
22a 42	22b 83	47a £2.15	45b £3.70
23a 100	23b 36	48a 38	48b 47
24a 4096	24b 729	49a 102	49b 121
25a 36	25b 87	50a 5040	50b 2160

CW01425984